AF231926

COMPTABILITÉ RURALE

OU

MÉTHODE ABRÉGÉE ET FACILE

POUR RÉGIR DES BIENS EN PARTIES-DOUBLES,

UTILE

A MM. LES PROPRIÉTAIRES, EXPLOITANS, ADMINISTRATEURS, INTENDANS, AGENS D'AFFAIRES,

ET A TOUTES LES PERSONNES QUI AIMENT L'ORDRE ET L'ÉCONOMIE.

La Comptabilité en parties-double est la sauve-garde des richesses.

Par CYRILLE DE LA TASSE,

RECEVEUR DES CONTRIBUTIONS DIRECTES DE L'ARRONDISSEMENT DE PERCEPTION DE CLAYE, PRÈS PARIS.

PARIS,

Chez { CARPENTIER-MÉRICOURT, IMPRIMEUR, rue de Grenelle-Saint-Honoré, n° 59; SAUTELET, LIBRAIRE, place de la Bourse; RENARD, LIBRAIRE, rue Sainte-Anne, n° 97;

Et chez l'AUTEUR, à CLAYE.

1825.

IMPRIMERIE DE CARPENTIER-MÉRICOURT,
RUE DE GRENELLE-SAINT-HONORÉ, N° 59.

UTILITÉ ET PRINCIPES

DE LA MÉTHODE.

La Tenue des livres en parties-doubles est en usage depuis longtemps chez les banquiers, les négocians, les marchands, et, depuis plusieurs années, dans les administrations générales et particulières, ayant un mouvement de fonds plus ou moins considérable; partout on en trouve les résultats satisfaisans. Cette tenue de livres également applicable à la régie des biens, offre, par ses principes constans et invariables, l'important avantage de la simplifier, d'en conserver tout le fruit et d'éviter toutes espèces d'erreurs dans les écritures qui, réunies sommairement dans la *balance des comptes*, font connaître la situation des personnes et des choses, en même temps qu'elles forment un tableau synoptique de l'*actif* et du *passif* d'un propriétaire ou d'un *chef* quelconque.

Cette méthode rend compte non seulement du *numéraire*, mais encore des *objets en nature* qui se rattachent à chaque espèce d'exploitation particulière : elle n'a rien de commun avec ces volumineux traités de la tenue des livres qui sont, d'ailleurs, restés étrangers à l'agriculture, et paraît sous un jour favorable, maintenant que les capitaux se tournent vers la propriété foncière qui présente, en effet, la plus sûre garantie.

En France (1), il est peu de grands propriétaires qui sachent précisément l'état de leur fortune : d'où naissent souvent le déréglement des affaires et le divertissement des revenus; car, en comptabilité, il est évident que là où les causes sont ignorées les effets peuvent bien être détournés. Les écritures actuelles de la plupart des intendans ou régisseurs, même les plus probes, ne sauraient garantir l'oyant-compte à cet égard, puisqu'ils se bornent ordinairement à présenter de simples états cumulatifs de recettes et de dépenses, sur lesquels, d'ailleurs, des agens auront pu les induire en erreur : c'est parce que j'ai été à même de reconnaître l'abus de ces sortes de comptes, que j'en parle ici avec une conviction qui est loin de leur être favorable. Un pareil système ne doit plus exister aujourd'hui que les chiffres bien coordonnés viennent centraliser, exposer et mettre à découvert, avec une exactitude mathématique, l'état net d'une fortune quelconque; en offrant à l'administrateur intelligent et zélé des sujets continuels d'améliorations et de soins, dont la méthode, elle-même, rend le témoignage ou signale le défaut.

---

(1) « L'ordre des parties-doubles distingue une recette d'une autre, une dépense d'une autre dépense, » l'argent des autres effets, la nature et le sort de ces divers effets..... Les Italiens ont imaginé ce bel » ordre; ils s'en servent même généralement dans le détail des biens de campagne qu'ils font valoir : et » si l'on y prenait garde, partout où il se fait de fortes consommations, quelque immense qu'en fût le » détail, il serait facile de se procurer une connaissance intime et journalière de chaque emploi. » *Recherches et considérations sur les finances de la France.*

Pour faire apprécier et comprendre facilement ce modèle théori-pratique des parties-doubles applicables à l'administration des biens, j'ai cru devoir supposer qu'une personne a 500,000 francs libres, avec lesquels elle fait l'acquisition d'un domaine. Comme ce domaine, dans les diverses parties qui le composent, produit, dépense ou consomme, et que, dans cette méthode, tout doit être particulièrement et généralement connu sans aucune *réserve*, *compensation* ni *conversion*, j'ai établi des comptes suivant la nature des choses qui se récapitulent au compte *domaine*, comme lui étant afférentes. Mais il est essentiel de bien distinguer ce qui regarde le *fonds* et ce qui forme les *profits* et les *perte* d'un domaine : les dépenses de constructions, par exemple, augmentent l'immeuble et n doivent pas être considérées comme *pertes*, par la même raison qu'en cas de vente de ce constructions, le prix n'entrera pas non plus dans les *profits*. Les frais de plantations, au contraire, sont des *pertes* pour le domaine, attendu que les ventes de bois sur pied en forment un article ordinaire de *profits*, et qu'il est juste que celui qui profite des effets en paye les causes.

Je n'entrerai pas dans le détail raisonné des articles d'opérations qui sont la suite et l conséquence de l'acquisition dont je viens de parler : les motifs de ces divers articles suc cessivement et catégoriquement passés aux livres ci-après indiqués, les rendront san doute suffisamment intelligibles au lecteur attentif, en lui démontrant avec précision e clarté, que chaque compte devient, en parties-doubles, le conservateur fidèle de ce qu' contient, et dont on ne peut rien distraire, de quelque manière que ce soit, sans le rendr évident par le même compte : aussi cet ordre rigoureux qui est le plus juste appréciateu et le meilleur contrôleur d'une gestion, maintiendra-t-il chacun de ses agens dans le devoi J'expliquerai seulement ici, pourquoi le capital qui est d'abord de 500,000 francs, n'es plus que de 469,650 francs, et comment il est susceptible de s'élever à 520,450 francs ; c qui établit une augmentation de 20,450 francs au bout d'une année de gestion :

J'ai dit que le capital net était de F.	500000	— ci.	500000.
Moins, les *pertes* constatées par le compte domaine, déduction faite de ses *profits* en numéraire, pour 1824, F.	30350		
	469650		
Inventaire. ACTIF.			
Immeubles, estimés, F.	452000		
Meubles, dito.	10000		
Bestiaux, instrumens aratoires et marchandises, prisés.	50000		
A recevoir.	600		
En caisse.	8350		
	520950		
PASSIF.			
A payer.	500		
Nouveau capital net, F.	520450	— ci.	520450
Partant, augmentation définitive de capital, F. . . .			20450

Je n'entreprendrai pas non plus de discourir sur les précieux résultats de ce mode de régie, ni de passer en revue les comptes qui viennent y concourir. Ma Méthode est si simple et d'une exécution si facile, qu'on n'a qu'à la suivre dans son développement et dans son ensemble, pour en saisir le mérite et l'utilité ; les principes en sont si clairs qu'il sera aisé, après l'avoir examinée, de l'étendre à toutes sortes d'exploitations générales et particulières. D'ailleurs, les chiffres ne s'analisent guère, et je préfère prier le lecteur d'y porter son attention, persuadé qu'ils exprimeront mieux que moi les avantages qu'ils procurent.

Je remarquerai cependant avec lui, un objet des plus intéressans pour les familles, et que le *grand-livre* tenu en parties-doubles, rend seul évident; c'est l'inventaire perpétuel qu'il contient d'une maison. Si un décès donne lieu à l'ouverture d'une succession, ce livre essentiellement conservateur de tout ce qui la compose, procure aux héritiers sur-le-champ et sans frais, par le fait même de ses écritures, une liquidation certaine, et les moyens propres à établir, par suite, un partage entre eux : alors combien seront évités de dilapidations, de procès et de chicanes, qui minent ou emportent toutes les fortunes?

Ne trouvera-t-on pas aussi, dans les livres tenus en parties-doubles, l'origine, les progrès ou la décadence d'une fortune, par une succession d'écritures non interrompues, où chaque effet se rattache à sa cause? et ces livres, lorsqu'on voudra les consulter, n'offriront-ils pas, pour l'avenir, l'expérience du passé dans la diversité des opérations dont ils gardent la mémoire?

Pour arriver à cet ordre important, où rien ne saurait être dissimulé, et d'après lequel le propriétaire ou l'administrateur peut, sans quitter son cabinet, connaître à fond, suivre et diriger toutes espèces d'opérations, il est de rigueur qu'il y ait une subordination administrative, permanente et graduelle, sans quoi tout est confusion. Le chef qui place une personne comme intermédiaire entre lui et ses affaires, lui doit la plus grande marque de confiance et de considération, sans lesquelles il n'existe ni autorité ni obéissance. En général l'on n'est peut-être pas assez intimement convaincu de l'utilité et des services journaliers de l'homme que l'on met à la tête de ses affaires, et par conséquent de sa fortune, et qui, réunissant aux qualités morales les talens que cet emploi réclame, doit en être indubitablement le directeur le plus sûr comme le plus expérimenté.

Cette Méthode qui dans son exécution ne peut être confiée qu'à des personnes capables et discrètes, puisqu'elle embrasse tout ce qui compose *l'actif* et le *passif* d'une maison, exige impérieusement, par l'ordre même de sa comptabilité, une autorité ou des pouvoirs influens dans un bon directeur, et une subordination soutenue parmi ceux qui doivent rendre des comptes auxiliaires : j'en fais ici le principe fondamental de son importante efficacité.

J'ose donc espérer, moins par ce court exposé, que par l'infaillibilité des démonstrations arithmétiques répandues dans cette méthode, déterminer MM. les propriétaires et exploitans à son adoption. Elle leur fournira en tous temps les comptes les plus exacts et les plus laconiques sur tous les genres d'exploitations et de négociations possibles, et remplacera utilement cette vieille routine, qui ne présente à l'agriculteur intelligent et laborieux, qu'un fatras d'écritures vicieuses, qui place ses capitaux dans un dédale inextricable de comptes obscurs, ou les absorbe, pour ainsi dire, invisiblement.

Cinq Registres sont indispensables dans cette méthode :

1° Le Livre-Foncier, pag. 9.
2° Le Sommier, pag. 11.
3° Le Mémorial, pag. 14.
4° Le Journal, pag. 17.
5° Le Grand-Livre, pag. 24.

Les Comptes ordinaires du Grand-Livre sont :

AVOIR ou ACTIF.

1° Celui de la personne ou de l'objet *débiteur*, pag. 30, 31. F° 10.

DOIT ou PASSIF.

2° Celui de la personne ou de l'objet *créditeur*, pag. 36, 37. F° 20.

COMPTES GÉNÉRAUX.

3° Domaine, ou ses *profits* et *pertes*, pag. 28, 29. F° 5.
4° Caisse, pag. 26, 27. F° 2.
5° Capital, pag. 26, 27. F° 1.

Les deux comptes, *Domaine* et *Capital*, représentent le CHEF.

Le 1er est *débité* par le *crédit* du 3e de ce qu'il doit, *page* 19, n° 9;

Il est *crédité* par le *débit* du 4e de ce qu'il paye, *page* 19, n° 10.

Le 2e est *crédité* par le *débit* du 5e de ce qui lui est dû, *page* 19, n° 11;

Il est *débité* par le *crédit* du 4e de ce qu'il reçoit, *page* 19, n° 13.

Quant au 5e, il s'augmente de l'excédant du *crédit* sur le *débit*, et diminue de l'excédant du *débit* sur le *crédit* du 3e, *page* 22, n° 28.

Le compte *profits et pertes* qui dans cette Méthode est représenté par le compte *domaine* se *débite* donc par le *crédit* des comptes qui présentent en définitive des dépenses ou consommations, et encore du compte de la chose prescrite ou de la personne insolvable. Il *crédite* par le *débit* des comptes présentant définitivement des produits, et aussi du compte de la personne qui abandonne ou de l'objet qui prescrit; on solde ensuite le compte *profits et pertes* par *capital*. Cette opération est une conséquence du principe des parties-doubles qui veut que tous les comptes soient soldés d'une manière quelconque : on en sent, au surplus, la nécessité, puisque le *capital* ne saurait être établi sans cela.

On appelle *compte intermédiaire*, celui qui contient des choses dont on désire connaître particulièrement le montant qui doit incessamment retourner au compte général, *page* 30, 31. F° 7.

Chaque article du journal devant contenir le *débiteur* et le *créditeur* de la somme de on passe écriture, l'individu ou l'objet qui doit la somme est *débité*, et celui à qui elle est due *crédité*, en un seul et même article : d'où vient le mot *partie-double*.

L'usage des comptes ordinaires bien conçu, la tenue des livres se réduit à passer écriture de toutes les opérations à mesure qu'elles ont lieu, en *débitant* la personne ou l'objet qui *doit* ou *reçoit*, et en *créditant*, dans le même article, la personne ou l'objet à qui il est *dû* ou qui *paye*. Il n'y a pas de *débiteur* sans *créditeur*, et réciproquement.

Mais il est nécessaire de trouver exactement le *débiteur* et le *créditeur* des articles du *journal*, c'est-à-dire, qu'il faut savoir justement quel est l'individu ou l'objet qui doit être *débité* et celui qui doit être *crédité*, comme correspondant. L'inattention à cet égard jetterait dans des erreurs graves, souvent difficiles à reconnaître et à rectifier.

Cependant si quelques viremens s'étaient glissés en portant au *débit* ou au *crédit* d'un compte, ce qui appartient au *débit* ou au *crédit* d'un autre, la *contre-partie* est le moyen de redressement le plus sûr et le plus propre, en ce qu'elle évite la rature ou la surcharge des écritures tout en ayant le résultat désiré. Cette *contre-partie* s'opère en *créditant* ou *débitant*, suivant le cas, le compte où la somme dont il s'agit a été inscrite mal-à-propos, par le *débit* ou le *crédit* du compte où elle doit être rétablie.

Ainsi, par exemple, il faudrait *créditer* par *contre-partie* le compte qui présenterait à son *débit* un objet appartenant au *débit* d'un autre compte, et *débiter*, par le même article, le compte où il doit être rétabli. Par ce moyen cet objet se trouvera d'abord balancé, ensuite retranché au premier compte, et rapporté au deuxième.

Toutes les *contre-parties* pourront être déduites du *doit* et de l'*avoir* des comptes qu'elles affectent, des *mémorial* et *journal*, lors de la confection de la *balance* des comptes du *grand-livre*, à chaque époque de l'année. Elles devront l'être rigoureusement à la fin de l'exercice.

Le teneur de livres ne portera sur un nouveau *grand-livre*, que les *soldes débiteurs* et *créditeurs* des comptes ouverts au *grand-livre* précédent, c'est-à-dire, les excédans définitifs qu'offre le *débit* sur le *crédit* et le *crédit* sur le *débit* de chacun de ces comptes. Une *balance de sortie* les fera connaître et précédera immédiatement une *balance d'entrée* contenant les mêmes *soldes* : les comptes soldés ou balancés par le fait d'opérations antérieures doivent rester dans l'oubli.

La *balance de sortie* ou de clôture sera d'abord rédigée sur le *mémorial*, le *journal*, et transcrite sur le *grand-livre* (anciens). Tous les articles qu'elle contiendra seront rapportés à ce *grand-livre*, suivant l'indication rigoureuse, afin d'en balancer les comptes, *pag.* 16 ; 23 ; 38, 39. F° 24.

La *balance d'entrée* ou d'ouverture sera d'abord rédigée sur le *mémorial*, le *journal*, et transcrite sur le *grand-livre* (nouveaux). Tous les articles qu'elle contiendra seront rapportés à ce *grand-livre*, suivant l'indication rigoureuse.

Signification de plusieurs termes employés dans les écritures en parties-doubles.

DÉBITEUR; c'est celui qui doit.	CRÉDITEUR; c'est celui à qui il est dû.
DÉBITER UN COMPTE; c'est écrire qu'il doit.	CRÉDITER UN COMPTE; c'est écrire qu'on lui doit.
LE DOIT ou *débit* d'un compte est composé d'articles qu'il doit ou qu'il a reçus.	L'AVOIR ou *crédit* d'un compte se compose d'articles qui lui sont dus ou qu'il a payés.
SOLDE DE COMPTE; c'est l'excédant du *débit* sur le *crédit* et réciproquement.	SOLDER UN COMPTE; c'est en rendre le *débit* égal au *crédit* et réciproquement.

Enfin, faire la *balance* des comptes du *grand-livre*; c'est les vérifier et indiquer leur situation respective, *pag.* 41.

DOMAINE DE TERREBONNE.

LIVRE-FONCIER,

Dressé par ordre alphabétique des noms des preneurs et exploitans actuels.

Ce Livre est très-important à la conservation intacte de la propriété et pour la fixation de l'impôt foncier. Il doit, en conséquence, indiquer exactement les mutations ou changemens qui surviennent dans les objets exploités, dont la jouissance est susceptible de passer de l'un à l'autre des preneurs. Ces mutations s'opèrent de la manière la plus simple, en passant horizontalement un léger trait de plume sur les objets qu'il s'agit de retirer en totalité ou en partie, et en les transportant et reproduisant sous un ou plusieurs autres articles déjà existans ou intercalaires, suivant l'ordre alphabétique ; ce qui rend nécessaire d'isoler chacun des articles primitifs du Livre-Foncier, en laissant entre eux une lacune raisonnable. Il est clair que les totaux précédemment fixés seront aussi biffés en conséquence, et que les nouveaux figureront immédiatement au-dessous. Avec ce soin rigoureux, on retrouvera toujours les mêmes quantités, sauf le cas d'acquisitions ou de ventes qui doivent nécessairement les augmenter ou diminuer, et qui seront indiquées dans la colonne d'*observations*, pour en connaître le montant au besoin. On saura également quels sont les divers exploitans, soit anciens, soit nouveaux, au moyen des renvois aux articles qui auront subi des changemens.

RÉCAPITULATION.

Ans.			Maisons.	Pavillons.	Fermes.	Terres.	Prés.	Vignes.	Bois.	Patures.			Évaluations.	Observations.
1824.			2	1	2	40200	4000	300	1500	300				

ARTICLES.	NOMS et DEMEURES des fermiers, locataires, ou exploitans.	DÉSIGNATION DES BIENS. NUMÉROS de la propriété.	de portion de la propriété.	COMMUNES.	LIEUX-DITS.	NATURE.	CLASSES.	ÉVALUATIONS.	CONTENANCES. DÉTAIL.	TOTAL.	MUTATIONS tiré de l'article.	porté à l'article.	DATES.	OBSERVATIONS.
1	ANDRÉ,	12	2	Terrebonne.	La Sente.	Terre.	1		200	400				
	à Bellevue.	14		Bellevue.	Le Poirier.	*id.*	2		150					
		16		Terrebonne.	Le Haut.	*id.*	3		50					
2	CLÉMENT,	8		Terrebonne.	Le Bas.	Terre.	2		150	350				
	à Terrebonne.	10		*id.*	Les Côtes.	*id.*	1		200					
3	JEAN,	3		Terrebonne.	Grand-Pré.	Corps de ferme.	4		»	14100				
	à Terrebonne.	13		Bellevue.	Le Poirier.	Pré.	1		1500					
		15		*id.*	*id.*	Terre.	2		2500					
		17		Terrebonne.	Le Haut.	*id.*	2		5000					
		19		*id.*	la Longueraie.	*id.*	1		5000					
		20		*id.*	La Couronne.	Bois	3		100					
4	LAURENT,	6		Terrebonne.	Le Bas.	Vigne.	2		300	400				
	à Terrebonne.	12	1	*id.*	La Sente.	Terre.	1		100					
5	Le	1		Terrebonne.	Le village.	Maison.	1		»	31050				
	PROPRIÉTAIRE,	»		*id.*	*id.*	Pavillon.	»		»					
	pour	2		*id.*	Beauchamp.	Corps de ferme.	3		»					
	ses réserves.	4		*id.*	Le Village.	Maison.	12		»					
		5		*id.*	*id.*	Terre en jardin.	1		200					
		7		*id.*	Le Bas.	Terre.	2		11600					
		9		*id.*	Les Côtes.	*id.*	1		7500					
		11		*id.*	La Sente.	Pré.	1		2500					
		18		*id.*	la Longueraie.	Terre.	2		7550					
		21		*id.*	La Couronne.	Pâture.	1		300					
		22		*id.*	*id.*	Bois.	2		1400					

DOMAINE DE TERREBONNE.

SOMMIER.

Les comptes ouverts au présent Sommier ou Livre auxiliaire, sont ceux dont on veut connaître particulièrement la situation, et qui n'ayant pu être détaillés au Grand-Livre à cause de leur multiplicité ou modicité, s'y trouvent néanmoins reproduits collectivement sous les titres auxquels ils appartiennent relativement audit domaine.

TABLE GÉNÉRALE ET ALPHABÉTIQUE DES NOMS.

ACTIF.

Échéance	Article	Doit.	Avoir.
Échéance, 1er novembre. Fin de jouissance, 1er novembre 1829.	Art. 1er du Livre Foncier. ANDRÉ, cultivateur à Bellevue, fermier par bail devant Thomas le 1er novembre 1823, pour six années commencées ledit jour, moyennant : Par an, 150 fr. payables le 1er novembre. — 1re *Échéance, 1er novembre* 1824.		
	Première année en principal, échue 1er novembre 1824. .	150	»
15 novembre 1824.	Reçu	»	150
Échéance, 1er novembre. Fin de jouissance, 1er novembre 1826.	Art. 2 du Livre Foncier. CLÉMENT, cultivateur à Terrebonne, fermier par bail sous seing-privé du 1er novembre 1823, pour trois années commencées ledit jour, moyennant : Par an, 150 fr. payables le 1er novembre. — 1re *Échéance, 1er novembre* 1824.		
	Première année en principal, échue 1er novembre 1824. .	150	»
15 novembre 1824.	Reçu	»	150
Échéance, 1er novembre. Fin de jouissance, 1er novembre 1832.	Art. 4 du Livre Foncier. LAURENT, vigneron à Terrebonne, fermier par bail devant Thomas le 1er novembre 1823, pour neuf années commencées ledit jour, moyennant : Par an, 200 fr. payables le 1er novembre. — 1re *Échéance, 1er novembre* 1824.		
	Première année en principal, échue 1er novembre 1824. .	200	»
15 novembre 1804	Reçu	»	188

PASSIF.

Échéance, 15 décembre.	CHARLES, garde-fonds à Terrebonne, moyennant : 600 fr. payables annuellement le 15 décembre.	DOIT.	AVOIR.
	Première année de ses gages, échue 15 décembre 1824, gratification pour destruction de bêtes nuisibles et de proie, ensemble.	»	650
31 décembre 1824.	Payé.	650	»
	ALEXANDRE, maçon à Bellevue.	DOIT.	AVOIR.
	Montant réglé de son mémoire d'ouvrages et fournitures de son état, depuis le 1er janvier jusqu'au 1er juin 1824. .	»	1000
1er juillet 1824.	Payé.	500	»
	MATHURIN, couvreur à Terrebonne.	DOIT.	AVOIR.
	Montant réglé de son mémoire d'ouvrages et fournitures de son état, depuis le 1er janvier jusqu'au 1er juin 1824. .	»	250
1er juillet 1824.	Payé.	250	»

DOMAINE DE TERREBONNE.

ANNÉE 1824.

MÉMORIAL.

NUMÉRAIRE EN CAISSE DISPONIBLE.			500000
	Du 1er janvier.		
ACQUIS	antérieurement, savoir : Maisons. 2 — Fermes. 2 — Terres. 40200 — Prés. 4000 — Vignes. 300 — Bois. 1500 — Pâturcs. 300 Arbres { anciens. 300 — modernes. 600 — baliveaux et jeunes arb. 1100 } 2000 Chevaux. 10 — Bêtes à cornes 20 — — à laine. 500	48834	
PAYÉ	antérieurement :		552834
	1° Le prix de maisons, bâtimens, terres, prés, vignes et bois du domaine de Terrebonne.	450000	
	2° Le prix de meubles meublans et effets.	10000	
	3° Le prix de bestiaux, instrumens aratoires, effets garnissant la ferme de Beauchamp, et pour l'ensemencement des terres qui en dépendent.	40000	
A RECEVOIR	le prix de ventes de coupes de bois ordinaire, 1823 : de Louis, 2000 fr. . . . de Pierre, 2000 fr.	4000	
	Du 1er avril.		
REÇU	provenant d'exploitation, bois : Bois de 42 pouces. 50 — — brigot. 100 — Bourrées. 5000 — Fagots. 2000		7150
	Du 5 avril.		
VENDU	à divers, provenant d'exploitation, bois : Bois de 42 pouces. 44 — — brigot. 97 — Bourrées. 4700 — Fagots. 1800	6641	14151
FOURNI	à la ferme de Beauchamp, provenant d'exploitation, bois : Bois brigot. 3 — Fagots. 200	203	
——	à la maison dito, provenant d'exploitation, bois : Bois de 42 pouces. 6 — Bourrées. 300	306	
A RECEVOIR	de divers, prix de marchandises de bois exploités et vendus.	7000	
CONSTRUIT	un pavillon.	1	
	Du 1er mai.		
A RECEVOIR	de Jean, fermages de la ferme de Grandpré, échus ce jour.		2000
	Du 15 mai.		
REÇU	de Jean, fermages de la ferme de Grandpré.	2000	13000
——	de Louis, prix de ventes de coupes de bois.	2000	
——	de Pierre, dito.	2000	
——	de divers, prix de bois exploités.	7000	
	Du 1er juin.		
A PAYER	à Alexandre, maçon, le montant de son mémoire, réglé et arrêté ce jour, savoir : pour constructions, 800 f. ; réparations, 200.	1000	1500
——	à Mathurin, couvreur, dito. 200 dito. 50.	250	
——	à divers maçons et couv. dito. 200 dito. 50.	250	
			1090635

	REPORT.			1090635
	Du 1er juillet.			
PLANTÉ	précédemment au lieu dit le bas, arbres.		1000	
PAYÉ	à divers ouvriers, pour plantat., remplacemens et entretien d'arbres.		1000	
——	à divers terrassiers, pour terrasses et fossés.		500	
——	à divers bûcherons.		1000	4500
——	à Alexandre, maçon, pour constructions.		500	
——	à Mathurin, couvreur, pour constructions, 200 f.; réparations, 50. . .		250	
——	à divers maçons et couvreurs, dito. 200 dito. 50. . .		250	
	Du 1er août.			
REÇU	provenant d'exploitation, ferme de Beauchamp. | Laine. . . 2000 | Foin. . . 2000 | Luzerne. . 1500 | . . .			5500
	Du 1er Novembre.			
A RECEVOIR	de Jean, fermages de la ferme de Grandpré, échus ce jour : Numéraire, 2000; chapons, 6.		2006	
PERDU	un cheval, mort de la morve.		1	
A RECEVOIR	d'André, loyers échus ce jour.	150		
——	de Clément, dito.	150	500	
——	de Laurent, dito.	200		8863
REÇU	provenant d'exploitation, ferme de Beauchamp : Bêtes à cornes. . . . 6 — à laine. . . . 50 Blé. . . . . . . 1000 Avoine. . . . . . 2000 | Pailles. . . . . . 2500 Luzerne. . . . . . 500 Fromages. . . . . . 300 »		6356	
	Du 10 Novembre.			
PAYÉ	à divers manouvriers attachés à la ferme de Beauchamp. . . .		500	600
FOURNI	à dito. blé provenant de ladite ferme.		100	
	Du 15 Novembre.			
REÇU	de Jean, fermages de la ferme de Grandpré : numéraire, 1500 f.; chapons, 5.		1505	
——	d'André, loyers.	150		
——	de Clément, dito.	150	400	2005
——	de Laurent, dito.	100		
——	de divers, prix de vieux matériaux vendus.		100	
	Du 1er Décembre.			
VENDU	à divers, provenant d'exploitation de la ferme de Beauchamp : Laine. . . . . 2000 Blé. . . . . 400 Avoine. . . . . . . 600 Luzerne. . . . . . 500 | Fromages. . . . . . 225 Bêtes à cornes. . . . 6 — à laine. . . . . 25 »		3756	9156
A RECEVOIR	de divers, prix des marchandises ci-dessus vendues.		5400	
	Du 15 Décembre.			
REÇU	de divers, prix des marchandises vendues provenant de l'exploitation de la ferme de Beauchamp.		5400	8400
A PAYER	les contributions de l'an 1824.		3000	
	Du 31 Décembre.			
PAYÉ	les contributions de 1824.		3000	
——	les salaire et gages des gens attachés à la ferme de Beauchamp, à ce jour.		2400	
——	à Charles, garde-fonds, gages et gratifications.		650	
——	pour la maison, ses dépenses diverses de l'année.		2000	
FOURNI	à la ferme de Beauchamp, pour ses besoins et provenant de l'exploitation de ladite ferme : | Bêtes à laine. 5 | Avoine. . . 1000 | Luzerne. . . 700 | Blé. . . . 225 | Pailles. . . 1500 | Fromages. . 65 |		3495	
			11545	1129659

	REPORT. . . .	11545	1129659
FOURNI	à la Maison, pour ses besoins, et provenant comme précédemment : Blé. . . . . 75 ; Fromages. 10	85	
BÉNÉFICIÉ	à cause et pour solde des comptes :		
	1° Produits, exploitation, ferme de Beauchamp : numéraire . . .	5400	
	Bêtes à cornes. 6 ; Blé. . . . 1000 ; Foin . . . 2000 — à laines. 50 ; Avoine. . . 2000 ; Luzerne. . 2000 Laines.. . .2000 ; Pailles. . . 2500 ; Fromages. . . 300	11856	
	2° Prix de ventes de coupes de bois.	4000	
	3° Recettes diverses	100	
PERDU .	à cause et pour solde des comptes :		
	1° Frais d'exploitation, ferme de Beauchamp, numéraire. . . .	42900	
	Cheval. . . . 1 ; Avoine. . . 1000 ; Fromages. . 65 Bêtes à laine. . 5 ; Pailles. . . 1500 ; Bois brigot. . 3 Blé. . . . 325 ; Luzerne. . 700 ; Fagots. . . 200	3799	
	2° Frais d'exploitation, *bois*	1000	
	3° — de plantations et entretiens.	1000	
	4° — de terrasses, fossés.	500	
	5° Dépenses diverses.	650	
	6° Maison, numéraire.	2000	
	Chapons. . . 5 ; Fromages. . 10 ; Bourrées. . 300 Blé. . . . 75 ; Bois de 42 pouces. 6 ; »	396	
PERDU	cette année, net et pour solde du compte domaine.	30350	115581
1er TOTAL	*égal aux additions du journal et de la balance générale*		1245240
SOLDES	*Débiteurs* et *Créditeurs* des comptes du grand-livre 1824, à reproduire au grand-livre nouveau :		
	DÉBITEURS :		
	1° Caisse pour le numéraire restant	8350	
	2° Immeubles, numéraire.	451200	
	Maisons . . . 2 ; Terres . . 40200 ; Bois. . . . 1500 Pavillon . . . 1 ; Prés. . . 4000 ; Pâtures. . . 300 Fermes. . . . 2 ; Vignes. . . 300 ; Arbres. . . 3000	49305	
	3° Meubles.	10000	
	4° Exploitation, Ferme de Beauchamp, produits, etc. :		
	Chevaux. . . 9 ; Blé. . . . 200 ; Foin. . . 2000 Bêtes à cornes. 20 ; Avoine. . . 400 ; Luzerne. . 800 — à laine. . 520 ; Pailles. . . 1000 ; »	4949	
	5° Jean, fermages : Numéraire. . . . . . 500 ; Chapon. 1	501	
	6° Loyers de portions de biens.	100	
	CRÉDITEURS :		
	1° Capital net..	469650	
	2° Domaine :		
	Maisons. . 2 ; Bois. . . . 1500 ; Chapon.. . 1 Pavillon. . 1 ; Pâtures. . . 300 ; Blé. . . . 200 Fermes. . 2 ; Arbres. . . 3000 ; Avoine. . . 400 Terres.. . 40200 ; Chevaux. . . 9 ; Pailles. . . 1000 Prés. . . 4000 ; Bêtes à cornes. 20 ; Foin. . . 2000 Vignes . . 300 ; — à laines. 520 ; Luzerne. . 800	54255	
	3° Frais de constructions.	300	
	4° — de réparations, entretiens de constructions.	200	1048810
2e TOTAL	*égal aux additions du journal et des comptes du grand-livre*		2294050

DOMAINE DE TERREBONNE.

ANNÉE 1824.

LIVRE DE CAISSE. (Modèle.)

DATES.	Nos.		DOIT.	AVOIR.	CAUSES.
. . . . .	1	Reçu de N**.	100	»	*Fermages.*
. . . . .	2	Payé à N**.	»	50	*Constr.* 25; *Plantat.* 25.

DOMAINE DE TERREBONNE.

ANNÉE 1824.

JOURNAL.

Fos du G.-L.	Nos		SOMMES.
		Du 1er janvier.	
2 / 1	1	Caisse doit à Capital, F. 500000. Le numéraire disponible et antérieurement en caisse.	500000
		Dito.	
5	2	*Les Suivans* doivent à domaine, No : Les objets acquis antérieurement, savoir :	
3		Maisons. . . . . 2 / Fermes. . . . . 2 / Terres. . . . . 40200 / Prés. . . . . 4000 / Vignes. . . . . 300 / Bois. . . . . 1500 / Pâtures. . . . . 300 / Arbres { anciens. . . 300 / modernes. . 600 / baliveaux et jeunes arb. 1100 } 2000 / Chevaux. . . . . 10 / Bêtes à cornes . . . . . 20 / — à laine. . . . . . . 500 }	48834
		Immeubles, No : Maisons. . . . . 2 / Fermes. . . . . 2 / Terres. . . . . 40200 / Prés. . . . . 4000 / Vignes. . . . . 300 / Bois. . . . . 1500 / Pâtures. . . . . 300 / Arbres { anciens. . . 300 / modernes. . 600 / baliveaux et jeunes arb. 1100 } 2000 } . . . 48304	
6		Exploitation, ferme de Beauchamp, No : Chevaux. . . . 10 | Bêtes à cornes. 20 | Bêtes à laine. . 500 | . . . 530 48834	
			548834

F^os du G.-L.	N^os.			SOMMES.
		Du 1er janvier.		
		REPORT.		54883
	3	*Les Suivans* doivent à CAISSE, F. 500000.		
2		Autant payé antérieurement pour l'acquisition du domaine de Terrebonne, dépendances et accessoires, ci.		50000
3		IMMEUBLES, F. Pour l'acquisition de maisons, bâtimens, terres, prés, etc. . .	450000	
4		MEUBLES, F. Le prix de meubles divers.	10000	
15		FRAIS, exploitation ferme de Beauchamp, F. Pour acquisition de bestiaux, instrumens aratoires, effets garnissant ladite ferme, et pour l'ensemencement des terres qui en dépendent.	40000	
			500000	
		Dito.		
	4	*Les Suivans* doivent à PRIX DE VENTES DE COUPES DE BOIS, F.		
9 / 12		La somme due audit jour.		400
		LOUIS, F. Le prix de la coupe à lui vendue, ordinaire 1823.	2000	
13		PIERRE, F. Dito.	2000	
			4000	
		Du 1er avril.		
8 / 5	5	PRODUITS, exploitation bois, doivent à DOMAINE, N^e : Les marchandises de bois reçues audit jour : Bois de 42 pouces. . 50 | Bourrées. . . . . 5000 ; — brigot. . . . . 100 | Fagots. 2000		715
		Du 5 avril.		
8	6	*Les Suivans* doivent à PRODUITS, exploitation bois, N^e : Les marchandises de bois vendues et fournies : Bois de 42 pouces. . . 50 | Bourrées. . . . . 5000 ; — brigot. . . . . 100 | Fagots. 2000		715
5		DOMAINE, N^e : Ce qui a été vendu à divers : Bois de 42 pouces. . . 44 | Bourrées. . . . . 4700 ; — brigot. . . . . . 97 | Fagots. 1800	6641	
15		FRAIS, exploitation ferme de Beauchamp, N^e : Ce qui a été fourni à ladite ferme : Bois brigot. . . . . 3 | Fagots. 200	203	
23		MAISON, N^e : Ce qui lui a été fourni : Bois de 42 pouces. . . 6 | Bourrées. 300	306	
			7150	
		Dito.		
8 / 5	7	PRODUITS, exploitation bois, doivent à DOMAINE, F. Le prix des marchandises de bois exploités, vendues.		700
		Dito.		
3 / 5	8	IMMEUBLES doivent à DOMAINE, N^e : Un pavillon nouvellement construit.		
				107413

F°s du G.-L.	N°s.			SOMMES.
		Du 1er mai.		
10		REPORT.		1074135
5	9	JEAN, fermages de la ferme de Grandpré, doit à DOMAINE, F.		
		Ce qui est échu ce jour.		2000
		Du 15 mai.		
2	10	CAISSE doit *aux suivans*, F.		
		Les sommes reçues ce jour.		3000
10		A JEAN, fermages de la ferme de Grandpré, F.		
		Son paiement de ce jour.	2000	
12		A LOUIS, prix de ventes de coupes de bois, F.		
		Dito.	2000	
13		A PIERRE, dito. F.		
		Dito.	2000	
8		A PRODUITS, exploitation bois, F.		
		Le paiement de divers.	7000	
			13000	
		Du 1er juin.		
	11	*Les Suivans* doivent *aux suivans*, F.		
3		Ce qui est dû à divers, d'après mémoires à ce jour :		
		IMMEUBLES, F.		
5		Les frais de constructions.	1200	
		DOMAINE, F.		
		Les frais de réparations de constructions.	300	
				1500
		A FRAIS de constructions, F.		
19		Le montant desdits.	1200	
20		A FRAIS de réparations et entretiens de constructions, F.		
		Dito.	300	
			1500	
		Du 1er juillet.		
3				
5	12	IMMEUBLES doivent à DOMAINE, N° :		
		La quantité d'arbres antérieurement plantés.		1000
		Dito.		
	13	*Les suivans* doivent à CAISSE, F.		
2		Les sommes payées audit jour.		3500
17		FRAIS de plantations, entretiens, F.		
18		Ce qui a été remis ce jour à divers ouvriers.	1000	
		FRAIS de terrasses, fossés, F.		
16		Dito.	500	
		FRAIS, exploitation, bois, F.		
19		Dito.	1000	
		FRAIS de constructions, F.		
20		Dito.	900	
		FRAIS de réparations et entretiens de constructions, F.		
		Dito.	100	
			3500	
		Du 1er août.		
6				
7	14	EXPLOITATION, ferme de Beauchamp, doit à PRODUITS, exploitation ferme de Beauchamp, N° :		
		Les produits reçus audit jour :		
		Laine. . . 2000 | Foin. . . 2000 | Luzerne. . 1500 | . . .		5500
				1100635

F^os du G.-L.	N^os.			SOMMES.
		Du 1er novembre.		
		REPORT.		1100635
	15	*Les suivans* doivent à DOMAINE, F. et N^e :		
5		Le montant de ce qui est échu ce jour : Num^re. 2500 | Chap. 6 | . . .		2506
10		JEAN, fermages de la ferme de Grandpré, F. et N^e :		
		Ce qui est échu audit jour :		
		| Numéraire. . . . . 2000 | Chapons. . . . . . . 6 |	2006	
11		LOYERS de portions de biens, F.		
		Ce qui est échu aussi ce jour.	500	
			2506	
		Dito.		
15 / 6	16	FRAIS, exploitation ferme de Beauchamp, doivent à EXPLOITATION ferme de Beauchamp, N^e :		
		Un cheval mort de la morve, ce jour.		1
		Dito.		
6 / 7	17	EXPLOITATION, ferme de Beauchamp, doit à PRODUITS, exploitation ferme de Beauchamp, N^e :		
		Les produits reçus audit jour :		
		| Blé. . . . . 1000 | Fromages. . . . . 300 Avoine. . . . . . 2000 | Bêtes à cornes. . . . 6 Pailles. . . . . . 2500 | — à laine. . . . . 50 Luzerne. . . . . 500 | » } . . .		6356
		Du 10 novembre.		
15	18	FRAIS, exploitation ferme de Beauchamp, doivent *aux suivans*, F. et N^e :		
		Ce qui a été payé et fourni à ce jour :		
		| Numéraire. . . . . 500 | Blé. . . . . 100 | . . .		600
2		A CAISSE, F. :		
		Les sommes remises à plusieurs manouvriers.	500	
6		A EXPLOITATION, ferme de Beauchamp, N^e :		
		Le blé fourni à dito.	100	
			600	
		Du 15 novembre.		
	19	*Les suivans* doivent *aux suivans*, F. et N^e :		
		Le montant reçu ce jour, savoir :		
2		CAISSE, F. :		
		Les sommes recouvrées audit jour.	2000	
23		MAISON, N^e :		
		Les chapons par elle reçus.	5	
				2005
10		A JEAN, fermages de la ferme de Grandpré, F. et N^e :		
		Ce qu'il a remis ce jour :		
		| Numéraire. . . . . 1500 | Chapons. . . . . . . 5 | .	1505	
11		A LOYERS de portions de biens, F. :		
		Ce qui a été remis par divers.	400	
14		A RECETTES diverses, F. :		
		La somme provenant de vieux matériaux vendus.	100	
			2005	
				1112103

F^os du G.-L.	N^os.			SOMMES.
		Du 1er décembre.		
		REPORT.		1112103
5 / 6	20	DOMAINE doit à EXPLOITATION, ferme de Beauchamp, N^o : Les marchandises vendues à divers : Bêtes à cornes. . . 6 ; — à laine. . . . 25 ; Laine. . . . . . 2000 ; Blé. . . . . . . 400 ; Avoine. . . . . . 600 ; Luzerne . . . . . 500 ; Fromages. . . . . . 225 ; » . . .		3756
		Dito.		
6 / 7	21	EXPLOITATION, ferme de Beauchamp, doit à PRODUITS, exploitation ferme de Beauchamp, F. : Le prix des marchandises vendues à divers.		5400
		Du 15 décembre.		
2 / 6	22	CAISSE doit à EXPLOITATION, ferme de Beauchamp, F. : La somme reçue ce jour.		5400
		Dito.		
5 / 21	23	DOMAINE doit à CONTRIBUTIONS, F. : La somme à laquelle est imposée le domaine en 1824.		3000
		Du 31 décembre.		
2	24	*Les suivans* doivent à CAISSE, F. : Le montant des sommes payées audit jour.		8050
21		CONTRIBUTIONS, F. : La somme imposée pour l'an 1824, et soldée ce jour.	3000	
15		FRAIS, exploitation, ferme de Beauchamp, F. : La somme remise aux gens de la ferme.	2400	
23		MAISON, F. : Ses diverses dépenses pendant l'année.	2000	
22		DEPENSES diverses, F. : Le paiement fait au garde fonds.	650	
			8050	
		Dito.		
6	25	*Les suivans* doivent à EXPLOITATION, ferme de Beauchamp, N^o : Les fournitures de denrées faites audit jour : Bêtes à laine. 5 ; Blé. . . . 300 ; Avoine. . 1000 ; Pailles . . 1500 ; Luzerne. . 700 ; Fromages. . 75 . . .		3580
15		FRAIS, exploitation, ferme de Beauchamp, N^o : Ce qui a été consommé par ladite ferme audit jour : Bêtes à laine. 5 ; Blé. . . . 225 ; Avoine. . 1000 ; Pailles. . 1500 ; Luzerne. . 700 ; Fromages. . 65	3495	
23		MAISON, N^o : Ce qui a été consommé par elle à ce jour : Blé. . . . . 75 ; Fromages. 10	85	
			3580	
		Du 31 décembre.		
5	26	*Les suivans* doivent à DOMAINE, F. et N^o : Les profits pour solde de comptes, savoir : Numéraire.	9500	
		Bêtes à cornes. 6 ; — à laine. . 50 ; Laine. . . . 2000 ; Blé. . . 1000 ; Avoine. . 2000 ; Pailles. . 2500 ; Foin. . . 2000 ; Luzerne. . 2000 ; Fromages. 300	11856	
				21356
				1162645

F°s du G.-L.	N°s.			SOMMES.
		Report.		1162645
7		Produits, exploitation, ferme de Beauchamp, F. et N° : Les profits et solde de ce compte :		
		Numéraire.	5400	
		Bêtes à cornes. 6 — à laine. . 50 — Laine. . . . 2000 — Blé. . . . 1000 — Avoine. . 2000 — Pailles. . 2500 — Foin. . . . 2000 — Luzerne. . 2000 — Fromages. 300	11856	
9		Prix de ventes de coupes de bois, F. : Les profits et solde de ce compte.	4000	
14		Recettes diverses, F. : Dito.	100	
			21356	
		Du 31 décembre.		
5	27	Domaine doit aux suivans, F. et N° : Les pertes pour solde de comptes, savoir :		
		Numéraire.	48050	
		Cheval. . . 1 — Bêtes à laine. 5 — Chapons. . 5 — Blé. . . . 400 — Avoine. . 1000 — Pailles. . 1500 — Luzerne. . 700 — Fromages. . 75 — Bois de 42 po. 6 — — Brigot. . 3 — Bourrées. . 300 — Fagots. . . 200	4195	52245
15		A frais, exploitation ferme de Beauchamp, F. et N. : Les pertes et solde de ce compte :		
		Numéraire.	42900	
		Cheval. . . 1 — Bêtes à laine. 5 — Blé. . . . 325 — Avoine. . 1000 — Pailles. . 1500 — Luzerne. . 700 — Fromages. . 65 — Bois brigot. 3 — Fagots. . 200	3799	
16		A frais, exploitation bois, F. : Les pertes et solde de ce compte.	1000	
17		A frais de plantations et entretiens, F. : Dito.	1000	
18		A frais de terrasses, fossés, F. : Dito.	500	
22		A dépenses diverses, F. : Dito.	650	
23		A maison, F. et N. : Dito.		
		Numéraire.	2000	
		Chapons. . 5 — Blé. . . . 75 — Fromages. . 10 — Bois de 42 po. 6 — Bourrées. . 300 — »	396	
			52245	
		Dito.		
1 5	28	Capital doit à domaine, F. : Les pertes faites cette année, et pour solde du compte domaine.		30350
		1er Total *égal aux additions du mémorial et de la balance générale*		1245240

F^os du G.-L.	N^os.			SOMMES.
		Du 31 décembre.		
		Report.		1245240
24	29	Balance de sortie doit *aux suivans*, F. et N° : Les *soldes débiteurs* des comptes ci-après à reproduire.		524405
2		A caisse, F. : Les espèces restantes et pour solde de ce compte.	8350	
3		A immeubles, F. et N° : Les immeubles existans, savoir : Prix desdits.	451200	
		Maisons. . . 2 | Terres. . 40200 | Bois. . . 1500 Pavillon. . . 1 | Prés. . . 4000 | Pâtures. . 300 Fermes. . . 2 | Vignes. . 300 | Arbres. . 3000	49305	
4		A meubles, F. : Le prix des meubles existans.	10000	
6		A exploitation, ferme de Beauchamp, prod. etc., N° : Les objets restans dans ladite ferme : Chevaux. . 9 | Blé. . . 200 | Foin. . . 2000 Bêtes à cornes 20 | Avoine. . 400 | Luzerne. . 800 — à laine. . 520 | Pailles. . 1000 | »	4949	
10		A Jean, fermages de la ferme de Grandpré, F. et N° : Le restant dû pour solde de ce compte : Numéraire. . . . . 500 | Chapon. 1	501	
11		A loyers de portions de biens, F. : Le solde débiteur de ce compte.	100	
			524405	
		Dito.		
24 1	30	*Les suivans* doivent à balance de sortie, F. et N° : Les *soldes créditeurs* des comptes ci-après à reproduire.		524405
		Capital, F. : Le capital net et pour solde de ce compte.	469650	
5		Domaine, N° : Les objets en nature pour solde de ce compte : Maisons. . 2 | Bois. . . 1500 | Chapon. . 1 Pavillon. . 1 | Pâtures. . 300 | Blé. . . 200 Fermes. . 2 | Arbres. . 3000 | Avoine. . 400 Terres. . 40200 | Chevaux. . 9 | Pailles. . 1000 Prés. . . 4000 | Bêtes à corn. 20 | Foin. . . 2000 Vignes. . 300 | — à laine. 520 | Luzerne. . 800	54255	
19		Frais de constructions, F. : Ce qui reste à payer pour solde.	300	
20		Frais de réparations, entretiens de constructions, F. : Dito.	200	
			524405	
		2e Total *égal aux additions du mémorial et des comptes du grand-livre*		2294050

DOMAINE DE TERREBONNE.

ANNÉE 1824.

GRAND-LIVRE.

RÉPERTOIRE par ordre alphabétique, suivant les titres des comptes-ouverts.

GRAND LIVRE.

F° 1. DOIT. CAPI

Mois.	Dates.	Numéros.	Folios.		Contre-parties.	Nature.	Numéraire.
Décembre.	31	28	5	A Domaine : Les pertes nettes faites cette année. .			30350
Dito.	31	30	24	A Balance de sortie : Le solde créditeur de ce compte ou capital net.			469650
							500000

F° 2. DOIT. CAI

Mois.	Dates.	Numéros.	Folios.		Contre-parties.	Nature.	Numéraire.
Janvier.	1	1	1	A capital : Le numéraire disponible.			500000
Mai.	15	10		A divers : Les sommes reçues ce jour. . . .			13000
Novembre.	15	19		Dito. Dito.			2000
Décembre.	15	22	6	A exploitation ferme : Dito.			5400
							520400

F° 3. DOIT. IMMEU

Mois.	Dates.	Nos.	Folios.		Maisons.	Pavillon.	Fermes.	Terres.	Prés.	Vignes.	Bois.	Patures.	Arbres sur pieds.	Contre-parties.	Nature.	Numér.
Janvier.	1	2	5	A domaine : Les objets acquis.	2		2	40200	4000	300	1500	300	2000		48304	
Dito.	1	3	2	A caisse : Le prix d'immeubles. . . .												450000
Avril.	5	8	5	A domaine : Objet construit.		1									1	
Juin.	1	11	19	A frais de constructions : Ce qui est dû à divers pour constructions.												1200
Juillet.	1	12	5	A domaine : Les arbres antérieurement plantés.									1000		1000	
					2	1	2	40200	4000	300	1500	300	3000		49305	451200

F° 4. DOIT. MEU

Mois.	Dates.	Numéros.	Folios.		Contre-parties.	Nature.	Numéraire.
Janvier.	1	3	2	A caisse : Le prix de meubles acquis. . . .			10000

Ferme de Beauchamp. AVOIR. F° 7.

Mois.	Dates.	Nos.	Folios.		Bêtes à cornes.	Bêtes à laine.	Laine.	Blé.	Avoine.	Pailles.	Foin.	Luzerne.	fromages	Contre-parties.	Nature.	Numér.
Août.	1	14	6	Par exploitation, ferme : Les produits reçus audit jour.			2000				2000	1500			5500	
Novemb.	1	17	6	Dito : Les produits reçus audit jour. . .	6	50		1000	2000	2500		500	300		6356	
Décembre.	1	21	6	Dito : Le prix des marchandis. vendues												5400
					6	50	2000	1000	2000	2500	2000	2000	300		11856	5400

tation, bois. AVOIR. F° 8.

Mois.	Dates.	Numéros.	Folios.		Bois de 42 p.	Bois brigot.	Bourrées.	Fagots.	Contre-parties.	Nature.	Numéraire.
Avril.	5	6		Par divers : Les marchandises vendues et fournies. . .	50	100	5000	2000		7150	
Mai.	15	10	2	Par caisse : Le paiement de divers, à ce jour. . . .							7000
					50	100	5000	2000		7150	7000

DE COUPES DE BOIS. AVOIR. F° 9.

Mois.	Dates.	Numéros.	Folios.		Contre-parties.	Nature.	Numéraire.
Janvier.	1	4		Par divers : La somme due audit jour, coupe ordinaire 1823.			4000

Principal.	Faisances.	Échéances.
4000	6 chapons.	1er mai. 1er novembre.

suivant bail notarié le 1er novembre 1822. AVOIR. F° 10.

Mois.	Dates.	Numéros.	Folios.		Chapons.	Contre-parties.	Nature.	Numéraire.
Mai.	15	10	2	Par caisse : Son paiement de ce jour. . . .				2000
Novembre.	15	19		Par divers : Ce qu'il a payé et fourni ce jour.	5		5	1500
					5		5	3500
Décembre.	31	29	24	Par balance de sortie : Le solde débiteur de ce compte.	1		1	500
					6		6	4000

F° 11. DOIT. **LOYERS de**

Mois.	Dates.	Numéros.	Folios.		Contre-parties.	Nature.	Numéraire.
Novembre.	1	15	5	A DOMAINE : Ce qui est échu ce jour.			500

Contenance.	Principal.	Échéance.
400	2000	1er janvier 1824.

F° 12. DOIT. LOUIS, prix de ventes de coupes de bois,

Mois.	Dates.	Numéros.	Folios.		Contre-parties.	Nature.	Numéraire.
Janvier.	1	4	9	A PRIX de ventes de coupes de bois : Le prix de la coupe à lui vendue, ordinaire 1823. . . .			2000

Contenance.	Principal.	Échéance.
400	2000	1er janvier 1824.

F° 13. DOIT. PIERRE, prix de ventes de coupes de bois,

Mois.	Dates.	Numéros.	Folios.		Contre-parties.	Nature.	Numéraire.
Janvier.	1	4	9	A PRIX de ventes de coupes de bois : Le prix de la coupe à lui vendue, ordinaire 1823.			2000

F° 14. DOIT. **RECETTES**

Mois.	Dates.	Numéros.	Folios.		Contre-parties.	Nature.	Numéraire.
Décembre.	31	26	5	A DOMAINE : Les profits et solde de ce compte. . .			100

TAL. AVOIR. F° 1.

Mois.	Dates.	Numéros.	Folios.		Contre-parties.	Nature.	Numéraire.
Janvier.	1	1	2	Par Caisse : Le numéraire disponible.			500000

SSE. AVOIR. F° 2.

Mois.	Dates.	Numéros.	Folios.		Contre-parties.	Nature.	Numéraire.
Janvier.	1	3		Par divers : Ce qui a été payé antérieurement pour l'acquisition du domaine de Terrebonne, etc. .			500000
Juillet.	1	13		Dito. Les sommes payées ce jour.			3500
Novembre.	10	18	15	Par frais, exploit. ferme : Dito.			500
Décembre.	31	24		Par divers : Dito.			8050
							512050
Dito.	31	29	24	Par balance de sortie : Le solde débiteur de ce compte.			8350
							520400

BLES. AVOIR. F° 3.

Mois.	Dates.	Nos.	Folios.		Maisons.	Pavillon.	Fermes.	Terres.	Prés.	Vignes.	Bois.	Patures	Arbres sur pieds	Contre-parties.	Nature.	Numér.
Décembre.	31	29	24	Par balance de sortie : Le solde débiteur de ce compte.	2	1	2	40200	4000	300	1500	300	3000		49305	451200

BLES. AVOIR. F° 4.

Mois.	Dates.	Numéros.	Folios.		Contre-parties.	Nature.	Numéraire.
Décembre.	31	29	24	Par balance de sortie : Le solde débiteur de ce compte.			10000

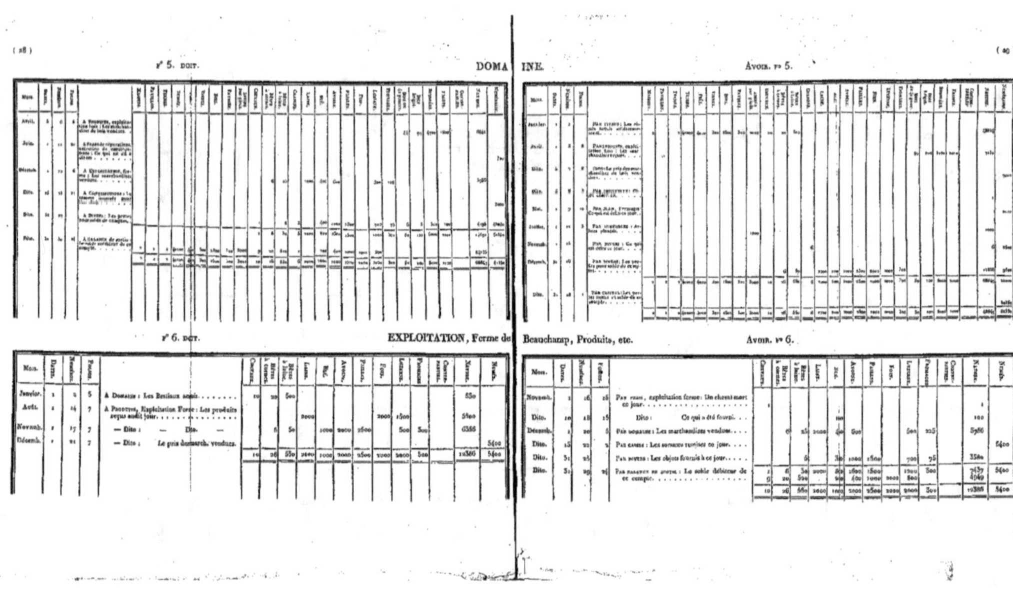

N° 5. Doit. DOMAINE. Avoir. N° 5.

Mois.	Dates.	Numéros.	Folios.		
Avril.	5	6	6	A Produits, exploitation bois : Les marchandises du bois vendues.	[illegible]
Juin.	[illegible]	[illegible]	[illegible]	A Frais de réparations, entretien de constructions : Ce qui est dû à divers.	[illegible]
Décemb.	[illegible]	[illegible]	6	A Exploitation, ferme : Les marchandises vendues.	[illegible]
Dito.	[illegible]	[illegible]	[illegible]	A Contributions : La somme imposée pour [illegible]	[illegible]
Dito.	[illegible]	[illegible]		A Divers : [illegible]	[illegible]
Dito.	[illegible]	[illegible]	[illegible]	A Balance de sortie : Le solde créditeur de ce compte.	[illegible]

Mois.	Dates.	Numéros.	Folios.		
Janvier.	[illegible]	[illegible]		Par divers : [illegible]	[illegible]
Avril.	[illegible]	[illegible]	[illegible]	Par produits, exploitation bois : [illegible]	[illegible]
Dito.	[illegible]	[illegible]	[illegible]	[illegible]	[illegible]
Dito.	[illegible]	[illegible]	[illegible]	[illegible]	[illegible]
Dito.	[illegible]	[illegible]	[illegible]	[illegible]	[illegible]
Juillet.	[illegible]	[illegible]	[illegible]	Par [illegible]	[illegible]
Novemb.	[illegible]	[illegible]		Par divers : Ce qui est dû ce jour.	[illegible]
Décemb.	[illegible]	[illegible]		Par [illegible]	[illegible]
Dito.	[illegible]	[illegible]	[illegible]	Par capital : [illegible]	[illegible]

N° 6. Doit. EXPLOITATION, Ferme de Beauchamp, Produits, etc. Avoir. N° 6.

Mois.	Dates.	Numéros.	Folios.		Chevaux.	Bêtes à cornes.	Bêtes à laine.	Laine.	Blé.	Avoine.	Pailles.	Foin.	Légumes.	Fromages.	Charrettes.	Nature.	Numér.
Janvier.	1	2	5	A Domaine : Les Bestiaux acquis.	10	20	500									530	
Août.	1	14	7	A Produits, Exploitation Ferme : Les produits reçus audit jour.				2000				2000	1500			5500	
Novemb.	1	17	7	— Dito : — Dito. —		6	50		1000	2000	2500		500	300		6356	
Décemb.	1	21	7	— Dito : Le prix des march. vendues.													5400
					10	26	550	2000	1000	2000	2500	2000	2000	300		12386	5400

Mois.	Dates.	Numéros.	Folios.		Chevaux.	Bêtes à cornes.	Bêtes à laine.	Laine.	Blé.	Avoine.	Pailles.	Foin.	Légumes.	Fromages.	Charrettes.	Nature.	Numér.
Novemb.	1	16	15	Par frais, exploitation ferme : Un cheval mort ce jour.	1											1	
Dito.	10	18	15	Dito : Ce qui a été fourni. . .					100							100	
Décemb.	1	20	5	Par domaine : Les marchandises vendues. . . .		6	25	2000	40	600			500	225		5386	
Dito.	15	22	2	Par caisse : Les sommes remises ce jour. . . .													5400
Dito.	31	25		Par divers : Les objets fournis à ce jour. . . .			5		30	1000	1500		700	75		3580	
Dito.	31	29	26	Par balance de sortie : Le solde débiteur de ce compte.	1 9	6 20	30 520	2000	170 830	1600 400	1500 1000	2000	1200 800	300		7437 4949	5400
					10	26	550	2000	1000	2000	2500	2000	2000	300		12386	5400

F° 7. Doit. PRODUITS, Exploitation

Mois.	Dates.	Nos.	Folios.		Bêtes à cornes.	Bêtes à laine.	Laine.	Blé.	Avoine.	Pailles.	Foin.	Luzerne.	fromages	Contre-parties.	Nature.	Numér.
Décembre.	31	26	5	A. domaine : Les profits et solde de ce compte.	6	50	2000	1000	2000	2500	2000	2000	300		11850	5400

F° 8. doit. PRODUITS, Exploi

Mois.	Dates.	Numéros.	Folios.		Bois de 42 p.	Bois brigot.	Bourrées.	Fagots.	Contre-parties.	Nature.	Numéraire.
Avril.	1	5	5	A domaine : Les marchandises reçues audit jour. . . .	50	100	5000	2000		7150	
Dito.	5	7	5	Dito. Le prix des marchandises vendues.							7000
					50	100	5000	2000		7150	7000

F° 9. doit. PRIX DE VENTES

Mois.	Dates.	Numéros.	Folios.		Contre-parties.	Nature.	Numéraire.
Décembre.	31	26	5	A domaine : Les profits et solde de ce compte. .			4000

Art. du livre foncier.	Jouissance.	Période.
3	1er novembre 1822.	9 ans.

F° 10. DOIT. Jean, Fermages de la ferme de Grandpré,

Mois.	Dates.	Numéros.	Folios.		Chapons.	Contre-parties.	Nature.	Numéraire.
Mai.	1	9	5	A domaine : Ce qui est échu ce jour. . . .				2000
Novembre.	1	15	5	Dito. —— Dito. ——. . . .	6		6	2000
					6		6	4000

Portions de Biens. AVOIR. F° 11.

Mois.	Dates.	Numéros.	Folios.		Contre-parties.	Nature.	Numéraire.
Novembre.	15	19	2	Par caisse : Le paiement fait par divers. . . .			400
Décembre.	31	29	24	Par balance de sortie : Le solde débiteur de ce compte.			100
							500

Réserves.	Charges.	Vidange.
80 baliveaux (chênes.)	Rafraîchissement de fossés.	1er juillet 1824.

suivant acte sous seing-privé du 1er octobre 1823. AVOIR. F° 12.

Mois.	Dates.	Numéros.	Folios.		Contre-parties.	Nature.	Numéraire.
Mai.	15	10	2	Par caisse : Son paiement de ce jour.			2000

Réserves.	Charges.	Vidange.
80 baliveaux.	Fossés.	1er juillet 1824.

suivant acte sous seing-privé du 1er octobre 1823. AVOIR. F° 13.

Mois.	Dates.	Numéros.	Folios.		Contre-parties.	Nature.	Numéraire.
Mai.	15	10	2	Par caisse : Son paiement de ce jour.			2000

DIVERSES.

AVOIR. F° 14.

Mois.	Dates.	Numéros.	Folios.		Contre-parties.	Nature.	Numér.
Novembre.	15	19	2	Par caisse : La somme provenant de vieux matériaux vendus.			100

F° 15. DOIT. FRAIS, Exploitation,

Mois.	Dates.	Nos.	Folios.		Chevaux	Bêtes à laine.	Blé.	Avoine.	Pailles.	Luzerne	Fromag.	Bois brigot.	Fagots.	Contre-parties.	Nature.	Numér.
Janvier.	1	3	2	A caisse : Pour le prix de bestiaux, instrumens aratoires, effets, etc. . .												40000
Avril.	5	6	8	A produits, exploitation, bois : Les marchandises de bois fournies. . .								3	200		203	
Novemb.	1	16	6	A exploitation ferme : Un cheval mort ce jour.	1										1	
Dito.	10	18		A divers : Ce qui a été payé et fourni.			100								100	500
Décemb.	31	24	2	A caisse : Ce qui a été payé ce jour. .												2400
Dito.	31	25	6	A exploitation ferme : Ce qui a été consommé.		5	225	1000	1500	700	65				3495	
					1	5	325	1000	1500	700	65	3	200		3799	42900

F° 16. DOIT. FRAIS, Exploi

Mois.	Dates.	Numéros.	Folios.		Contre-parties.	Nature.	Numéraire.
Juillet.	1	13	2	A caisse : Ce qui a été remis à divers bûcherons ce jour.			1000

F° 17. DOIT. FRAIS de Planta

Mois.	Dates.	Numéros.	Folios.		Contre-parties.	Nature.	Numéraire.
Juillet.	1	13	2	A Caisse : Ce qui a été remis à divers ce jour. .			1000

F° 18. DOIT. FRAIS de Terrasses,

Mois.	Dates.	Numéros.	Folios.		Contre-parties.	Nature.	Numéraire.
Juillet.	1	13	2	A Caisse : Ce qui a été remis à divers ouvriers ce jour.			500

Ferme de Beauchamp. AVOIR. F° 15.

Mois.	Dates.	Nos.	Folios.		Chevaux	Bêtes à laine.	Blé.	Avoine.	Pailles.	Luzerne	Fromag.	Bois brigot.	Fagots.	Contre-parties.	Nature.	Numér.
Décemb.	31	27	5	Par domaine : Les pertes et solde de ce compte.	1	5	325	1000	1500	700	65	3	200		3799	42900

tation, Bois. AVOIR. F° 16.

Mois.	Dates.	Numéros.	Folios.		Contre-parties.	Nature.	Numéraire.
Décembre.	31	27	5	Par domaine : Les pertes et solde de ce compte. .			1000

tions, Entretiens. AVOIR. F° 17.

Mois.	Dates.	Numéros.	Folios.		Contre-parties.	Nature.	Numéraire.
Décembre.	31	27	5	Par domaine : Les pertes et solde de ce compte. .			1000

Fossés. AVOIR. F° 18.

Mois.	Dates.	Numéros.	Folios.		Contre-parties.	Nature.	Numéraire.
Décembre.	31	27	5	Par domaine : Les pertes et solde de ce compte. .			500

F° 19. DOIT. FRAIS de

Mois.	Dates.	Numéros.	Folios.		Contre-parties.	Nature.	Numéraire.
Juillet.	1	13	2	A caisse : Ce qui a été remis à divers ce jour.			900
Décembre.	31	30	24	A balance de sortie : Le solde créditeur de ce compte.			300
							1200

F° 20. DOIT. FRAIS de Réparations et

Mois.	Dates.	Numéros.	Folios.		Contre-parties.	Nature.	Numéraire.
Juillet.	1	13	2	A caisse : Ce qui a été remis à divers ce jour.			100
Décembre.	31	30	24	A balance de sortie : Le solde créditeur de ce compte.			200
							300

F° 21. DOIT. CONTRIBU

Mois.	Dates.	Numéros.	Folios.		Contre-parties.	Nature.	Numéraire.
Décembre.	31	24	2	A caisse : Ce qui a été payé ce jour.			3000

F° 22. DOIT. DÉPENSES

Mois.	Dates.	Numéros.	Folios.		Contre-parties.	Nature.	Numéraire.
Décembre.	31	24	2	A caisse : Le paiement fait ce jour au garde fonds.			650

Constructions. AVOIR. F° 19.

Mois.	Dates.	Numéros.	Folios.		Contre-parties.	Nature.	Numéraire.
Juin.	1	11	3	Par immeubles : Le montant desdits frais dus à divers.			1200

Entretiens de Constructions. AVOIR. F° 20.

Mois.	Dates.	Numéros.	Folios.		Contre-parties.	Nature.	Numéraire.
Juin.	1	11	5	Par Domaine : Le montant desdits frais dus à divers.			300

TIONS. AVOIR. F° 21.

Mois.	Dates.	Numéros.	Folios.		Contre-parties.	Nature.	Numéraire.
Décembre.	15	23	5	Par domaine : La somme à laquelle le domaine est imposé pour l'an 1824.			3000

DIVERSES. AVOIR. F° 22.

Mois.	Dates.	Numéros.	Folios.		Contre-parties.	Nature.	Numéraire.
Décembre.	31	27	5	Par domaine : Les pertes et solde de ce compte.			650

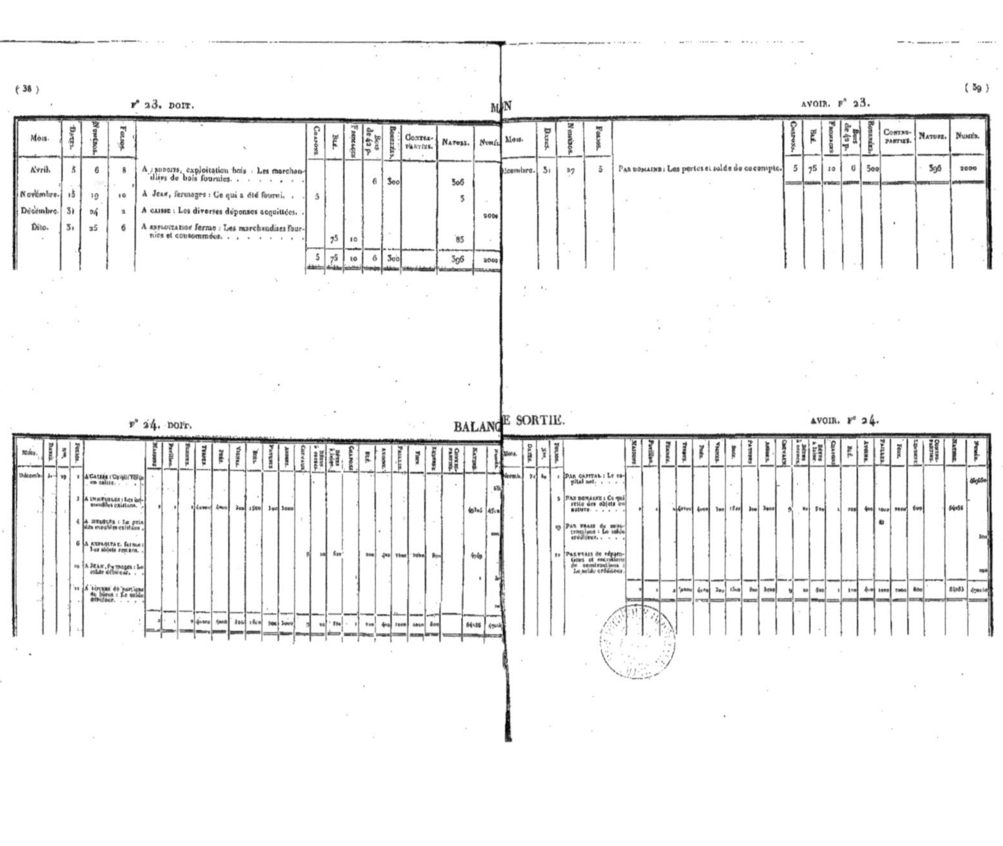

M[illegible]N

F° 23. DOIT.

Mois.	Dates.	Numéros.	Folios.		Chapons.	Blé.	Fromages.	Bois de 42 p.	Bourrées.	Contre-parties.	Nature.	Numér.
Avril.	5	6	8	A produits, exploitation bois : Les marchandises de bois fournies.				6	300		306	
Novembre.	15	19	10	A Jean, fermages : Ce qui a été fourni.	5						5	
Décembre.	31	24	2	A caisse : Les diverses dépenses acquittées.								2000
Dito.	31	25	6	A exploitation ferme : Les marchandises fournies et consommées.		75	10				85	
					5	75	10	6	300		396	2000

AVOIR. F° 23.

Mois.	Dates.	Numéros.	Folios.		Chapons.	Blé.	Fromages.	Bois de 42 p.	Bourrées.	Contre-parties.	Nature.	Numér.
Décembre.	31	27	5	Par domaine : Les pertes et solde de ce compte.	5	75	10	6	300		396	2000

BALANC[illegible]E SORTIE.

F° 24. DOIT.

Mois.	Dates.	Nos.	Folios.		Maisons.	Pavillon.	Fermes.	Terres.	Prés.	Vignes.	Bois.	Pâtures.	Arbres.	Chevaux.	Bêtes à cornes.	Bêtes à laine.	Chapons.	Blé.	Avoine.	Pailles.	Foin.	Liqueurs.	Contre-parties.	Nature.	Numér.
Décemb.	31	29	1	A Caisse : Ce qui reste en caisse.																					[illegible]
			3	A Immeubles : Les immeubles existans.	2	1	2	40000	4000	300	1500	300	3000											49305	[illegible]
			4	A Meubles : Le prix des meubles existans.																					[illegible]
			6	A Exploitat. ferme : Les objets restans.										5	20	520		200	400	1000	2000	800		4969	
			10	A Jean, fermages : Le solde débiteur.																				[illegible]	[illegible]
			11	A Loyers de portions de biens : Le solde débiteur.																					[illegible]
					2	1	2	40000	4000	300	1500	300	3000	5	20	520	1	200	400	1000	2000	800		64286	[illegible]

AVOIR. F° 24.

Mois.	Dates.	Nos.	Folios.		Maisons.	Pavillon.	Fermes.	Terres.	Prés.	Vignes.	Bois.	Pâtures.	Arbres.	Chevaux.	Bêtes à cornes.	Bêtes à laine.	Chapons.	Blé.	Avoine.	Pailles.	Foin.	Liqueurs.	Contre-parties.	Nature.	Numér.
Décemb.	31	30	1	Par capital : Le capital net.																					[illegible]
			5	Par domaine : Ce qui reste des objets en nature.	2	1	2	40000	4000	300	1500	300	3000	5	20	520	1	200	400	1000	2000	800		[illegible]	
			19	Par frais de constructions : Le solde créditeur.																					[illegible]
			22	Par frais de réparations et entretiens de constructions : Le solde créditeur.																					[illegible]
					2	1	2	40000	4000	300	1500	300	3000	5	20	[illegible]	1	200	400	1000	2000	800		[illegible]	[illegible]

DOMAINE DE TERREBONNE.

ANNÉE 1824.

BALANCE GÉNÉRALE

DES

COMPTES OUVERTS AU GRAND-LIVRE.

[illegible]

www.ingramcontent.com/pod-product-compliance
Lightning Source LLC
LaVergne TN
LVHW012102030726
842523LV00002B/683